大方廣佛華嚴經 寫經

43

🪷 일러두기

1. 『사경본 한글역 대방광불화엄경』은 『독송본 한문·한글역 대방광불화엄경』에 수록된 한글역을 사경 하는 데 편의를 도모하기 위해 편집을 달리하여 간행한 것이다.

2. 『독송본 한문·한글역 대방광불화엄경』은 실차난타가 한역(695~699)한 80권 『대방광불화엄경』의 한문 원문과 한글역을 함께 수록한 것이다. 한문 저본은 고종 2년(1865) 월정사에서 인경한 고려대 장경 『대방광불화엄경』이다.

3. 한글 번역은 동국역경원에서 발간한 한글 『대방광불화엄경』(운허)을 중심으로 하고 『신화엄경합론』 (탄허)과 『대방광불화엄경 강설』(여천무비) 그리고 최근의 여타 번역본 등을 참조하였다.

4. 한글 번역은 독송과 사경을 위하여 정확성과 아울러 가독성을 고려하였다. 극존칭은 부처님과 불경 계에 대해서만 사용하였다.

5. 사경본의 차례는 일러두기 → 한글역 본문 → 화엄경 목차 → 간행사이며 80권 『대방광불화엄경』의 권별 목차 순으로 독송본과 함께 간행한다. (법공양판에는 간행사 다음에 간행불사 동참자를 밝혀 두었다.)

사경본 한글역

대방광불화엄경 제43권

27. 십정품 [4]

수미해주

大方廣佛華嚴經第四十三卷變相 周

대방광불화엄경 제43권 변상도

대방광불화엄경

제43권

27. 십정품 [4]

_____ 은(는) 『대방광불화엄경』을
사경하는 인연공덕으로
『화엄경』이 널리 유통되고
우리 모두 다함께 보리 이루기를 발원하옵니다.

대방광불화엄경

제43권

27. 십정품 [4]

"불자들이여, 무엇을 보살마하살의 걸림 없는 바퀴 삼매라 하는가?

불자들이여, 보살마하살이 이 삼매에 들 때에 걸림 없는 몸의 업과, 걸림 없는 말의 업과, 걸림 없는 뜻의 업에 머무른다.

걸림 없는 부처님 국토에 머무르며, 걸림 없는 중생을 성취하는 지혜를 얻으며, 걸림 없는 중생을 조복하는 지혜를 얻는다.

걸림 없는 광명을 놓으며, 걸림 없는 광명 그물을 나타내며, 걸림 없는 광대한 변화를 보이며, 걸림 없는 청정한 법륜을 굴리며, 보살의 걸림 없는 자재함을 얻는다.

모든 부처님의 힘에 널리 들어가며, 모든 부처님의 지혜에 널리 머무르며, 부처님의 지으신 바를 지으며, 부처님의 청정하신 바를 청정하게 하며, 부처님의 신통을 나타내며, 부처님을 환희하시게 하며, 여래의 행을 행하며, 여래의 도에 머무르며, 항상 한량없는 모든 부처님을 친근하여 모든 부처님의 일을 지으며, 모든 부처님의 종성을 잇는다.

불자들이여, 보살마하살이 이 삼매에 머무르고는 일체지를 관찰한다.

일체지를 함께 관찰하며, 일체지

를 따로 관찰하며, 일체지를 수순하며, 일체지를 나타내 보이며, 일체지를 반연하며, 일체지를 보되 일체지를 함께 보며, 일체지를 따로 본다.

보현 보살의 광대한 서원과 광대한 마음과 광대한 행과 광대하게 나아간 바와 광대하게 들어간 바와 광대한 광명과 광대하게 출현함과 광대하게 호념함과 광대한 변화와 광대한 도를 끊지 않고, 물러나지 않고, 쉬지 않고, 바꾸지 않고, 게으르지 않고, 버리지 않고, 흩어지지 않고, 어지럽지 않고, 항상 나아가고, 항상 계속한다.

무슨 까닭인가?

이 보살마하살이 모든 법에서 큰 서원을 성취하고 대승을 행하여 부처님 법의 큰 방편바다에 들어가며, 수승한 원력으로 모든 보살들이 행하는 행을 지혜로 밝게 비추어 모두 교묘함을 얻으며, 보살의 신통 변화를 갖추어 일체 중생을 잘 능히 호념하며, 과거와 미래와 현재의 일체 모든 부처님의 호념하시는 바와 같이 모든 중생들에게 항상 대비를 일으켜서 여래의 변하지 않는 법을 성취한다.

불자들이여, 비유하면 어떤 사람이 마니보배를 색이 있는 옷 속에 두면 그 마니보배가 비록 옷 색과 같아지나 자성을 버리지 아니하듯이, 보살마하살도 또한 다시 이와 같아서, 지혜를 성취하여 마음의 보배로 삼고 일체 지혜를 관찰하면 널리 다 분명하게 나타나지만, 그러나 보살의 모든 행을 버리지 아니한다.

무슨 까닭인가?

보살마하살이 큰 서원을 일으켜 일체 중생을 이익하게 하며, 일체 중생을 제도하여 해탈케 하며, 일체 모든 부처님을 받들어 섬기며, 일체 세계를 깨끗이 장엄하며, 중생들을 편안하게 하고 위로하여 법바다에 깊이 들게 한다.

중생 세계를 깨끗이 하려고 크게 자재함을 나타내어 중생들에게 베풀어 주며, 세간을 널리 비추어 가없는 환화의 법문에 들어가되 물러나지 않고 변하지 않으며 피로해함도 없고 싫어함도 없다.

불자들이여, 비유하면 허공이 온갖 세계를 유지하되 혹 이루어지거나 혹 머무르거나 싫어하지도 않고 게으르지도 않으며, 병들지도 않고 쇠하지도 않으며, 흩어지지도 않고 무너지지도 않으며, 변하지도 않고 달라지지도 않으며, 차별도 없어서 자성을 버리지 않는 것과 같다. 왜냐하면 허공의 자성이 법이 으레 그러한 까닭이다.

보살마하살도 또한 다시 이와 같아서, 한량없는 큰 원을 세우고 일체 중생을 제도하되 마음에 싫어하고 게으름이 없다.

불자들이여, 비유하면 열반이 과거와 미래와 현재에 한량없는 중생들이 그 가운데서 멸도하되 마침내 싫어하고 게으름이 없는 것과 같다. 왜냐하면 일체 모든 법의 본성이 청정함을 열반이라 하니, 어찌 그 가운데 싫어하고 게으름이 있겠는가?

보살마하살도 또한 다시 이와 같아서, 일체 중생을 제도하고 해탈시켜 모두 벗어나게 하려고 세상에 출현하였는데 어찌 피로해하거나 싫어하는 마음을 내겠는가?

불자들이여, 마치 살바야가 능히 과거와 미래와 현재의 일체 보살로 하여금 모든 부처님 가문에 이미 태어났고 지금 태어나고 장차 태어나게 하며, 내지 위없는 보리를 이루게 하되 마침내 피로해하거나 싫어함이 없는 것과 같다. 왜냐하면 일체지가 법계와 더불어 둘이 아닌 까닭이며, 일체 법에 집착하는 바가 없는 까닭이다.

보살마하살도 또한 다시 이와 같아서, 그 마음이 평등하여 일체지에 머무르니, 어찌 피로해하거나 싫어하는 마음이 있겠는가?

불자들이여, 이 보살마하살에게 한 연꽃이 있으니 그 꽃이 넓고 커서 시방의 끝까지 이르렀다. 말할 수 없

는 잎과 말할 수 없는 보배와 말할
수 없는 향으로 장엄하고, 그 말할
수 없는 보배가 다시 각각 갖가지
온갖 보배를 나타내어 청정하고 미묘
하고 좋아서 지극히 잘 편안하게 머
물러 있다.

그 꽃은 항상 온갖 빛의 광명을 놓
아 시방 일체 세계를 널리 비추되 걸
리는 바가 없으며, 진금으로 그물이
되어 그 위를 두루 덮고, 보배 풍경
은 천천히 흔들려 미묘한 음성을 내
는데 그 음성이 일체지의 법을 연설

한다.

이 큰 연꽃은 여래의 청정한 장엄을 구족하였으니 일체 선근으로 생긴 것이며, 길상한 것으로 표시하고 위신력으로 나타난 것이다.

십천 아승지 청정한 공덕이 있으니 보살의 미묘한 도로 성취된 것이고, 일체지의 마음에서 흘러나온 것이며, 시방 부처님의 영상이 그 가운데 나타나서 세간에서 우러러보기를 마치 부처님 탑과 같이 하여 중생들이 보는 자마다 예경하지 않음이 없

으니, 능히 환인 줄 아는 바른 법에
서 나온 것이며, 일체 세간으로는 비
유할 수가 없다.

  보살마하살이 이 연꽃 위에 결가
부좌하니 그 몸의 크기가 연꽃과 서
로 알맞으며, 일체 모든 부처님의 위
신력으로 가피한 바로서 보살 몸의
낱낱 모공마다 각각 백만억 나유타
말할 수 없는 부처님 세계 미진수의
광명을 내며, 낱낱 광명에서 백만억
나유타 말할 수 없는 부처님 세계 미

진수의 마니보배를 나타내게 하였다.

그 보배가 모두 이름은 보광명장이고, 갖가지 색상으로 장엄하였으니 한량없는 공덕으로 성취된 바이며, 온갖 보배와 꽃으로 그물이 되어 그 위를 두루 덮었고, 백천억 나유타 수 승하고 미묘한 향을 흘렸으니 한량없는 색상으로 갖가지 장엄을 하였고, 다시 부사의한 보배로 장엄된 일산으로 그 위를 덮었다.

낱낱 마니보배에서는 모두 백만억

나유타 말할 수 없는 부처님 세계 미
진수의 누각을 나타내고, 낱낱 누각
에서는 백만억 나유타 말할 수 없는
부처님 세계 미진수의 연화장 사자
좌를 나타내고, 낱낱 사자좌에서는
백만억 나유타 말할 수 없는 부처님
세계 미진수의 광명을 나타내었다.

낱낱 광명에서는 백만억 나유타 말
할 수 없는 부처님 세계 미진수의 색
상을 나타내고, 낱낱 색상에서는 백
만억 나유타 말할 수 없는 부처님 세
계 미진수의 광명바퀴를 나타내고,

낱낱 광명바퀴에서는 백만억 나유타 말할 수 없는 부처님 세계 미진수의 비로자나 마니보배 꽃을 나타내었다.

낱낱 꽃은 백만억 나유타 말할 수 없는 부처님 세계 미진수의 꽃받침을 나타내고, 낱낱 꽃받침은 백만억 나유타 말할 수 없는 부처님 세계 미진수의 부처님을 나타내고, 낱낱 부처님께서는 백만억 나유타 말할 수 없는 부처님 세계 미진수의 신통 변화를 나타내셨다.

낱낱 신통 변화는 백만억 나유타 말할 수 없는 부처님 세계 미진수의 중생들을 청정하게 하고, 낱낱 중생들 가운데는 백만억 나유타 말할 수 없는 부처님 세계 미진수의 모든 부처님의 자재하심을 나타내었다.

낱낱 자재함으로는 백만억 나유타 말할 수 없는 부처님 세계 미진수의 부처님 법을 비내리고, 낱낱 부처님 법에는 백만억 나유타 말할 수 없는 부처님 세계 미진수의 수다라가 있고, 낱낱 수다라에서는 백만억 나유타 말할 수 없는 부처님 세계 미진수의 법문을 설하였다.

낱낱 법문에는 백만억 나유타 말할 수 없는 부처님 세계 미진수의 금강지혜로 들어가는 바 법륜이 있어 차별한 말로 각각 다르게 연설하고, 낱낱 법륜으로는 백만억 나유타 말할 수 없는 부처님 세계 미진수의 중생 세계를 성숙하게 하였다. 낱낱 중생 세계에는 백만억 나유타 말할 수 없는 부처님 세계 미진수의 중생들이 있어 부처님 법 가운데 조복함을 얻었다.

불자들이여, 보살마하살이 이 삼
매에 머무름에 이와 같이 신통한 경
계와 한량없는 변화를 나타내 보이
지만, 모두 환과 같음을 알고 물들어
집착하지 않으며, 가없고 말할 수 없
는 법과 자성이 청정함과 법계의 실
상과 여래 종성의 걸림 없는 경계에
편안히 머무른다.

가는 것도 없고 오는 것도 없으며,

앞도 아니고 뒤도 아니며, 깊고 깊어 바닥이 없다. 현량으로 얻은 바이며, 지혜로 스스로 들어가고 다른 이를 말미암아 깨달은 것이 아니며, 마음이 미혹하여 어지럽지도 않고 또한 분별도 없다.

과거와 미래와 현재 일체 모든 부처님의 칭찬하시는 바이니 모든 부처님의 힘으로부터 흘러나온 것이며, 일체 모든 부처님 경계에 들어가니 체성이 실상과 같으며, 청정한 눈으로 밝게 증득하며, 지혜 눈으로 널리 보며, 부처님 눈을 성취하며, 세상의 밝은 등불이 되며, 지혜의 눈으로 아는 바 경계에 나아가 미묘한 법문을 널리 능히 열어 보인다.

보리심을 성취하여 수승한 장부가 되고 모든 경계에 장애가 없으며, 지혜의 종성에 들어가 모든 지혜를 내며, 세간에 태어나는 법을 여의었으나 태어남을 나타내며, 신통과 변화와 방편으로 조복하는, 이와 같은 일체가 선교 아님이 없다.

공덕과 지해와 욕망이 모두 다 청
정하고 가장 지극히 미묘하여 구족
하게 원만하였으며, 지혜가 광대함
이 마치 허공과 같아서 온갖 성인들
의 경계를 잘 능히 관찰한다. 믿는
행과 서원의 힘이 견고하여 흔들리지
않으며, 공덕이 다함없어 세상이 칭
찬하는 바이다.

일체 부처님의 관찰하시는 바 법장
과 큰 보리의 처소인 일체 지혜바다

에서 온갖 미묘한 보배를 모아 큰 지혜 있는 자가 됨이, 마치 연꽃의 자성이 청정함과 같아서 중생들이 보는 자가 모두 환희하고 다 이익을 얻으며, 지혜 광명이 널리 비추어 한량없는 부처님을 친견하고 일체 법을 깨끗하게 한다.

행하는 바가 적정하여 모든 부처님 법에 끝까지 장애가 없으며, 항상 방편으로 부처님의 보리와 공덕의 행에 머물러 출생함을 얻으며, 보살의 지혜를 갖추고 보살의 상수가 되며, 일체 모든 부처님께서 함께 호념하시는 바로 부처님 위신력을 얻고 부처님 법신을 이룬다.

생각하는 힘이 사의하기 어렵고 경계를 한결같이 반연하되 반연할 것이 없으며, 그 행함이 광대하여 모양도 없고 걸림도 없으며, 법계와 같아서 한량없고 가없으며, 증득한 바 보리는 마치 허공과 같아서 끝닿은 데가 없고 속박도 없다.

모든 세간에서 널리 이익을 지으
며, 일체지 바다의 선근에서 흘러나
오는 바로서 한량없는 경계를 다 능
히 통달하고 청정하게 보시하는 법
을 이미 잘 성취하였다. 보살의 마음
에 머물러 보살의 종성을 깨끗하게
하고 능히 모든 부처님의 보리를 따
라서 내며, 모든 부처님의 법에 다
교묘함을 얻고 미묘한 행을 갖추어
견고한 힘을 이룬다.

일체 모든 부처님의 자재하신 위

신력을 중생들은 듣기 어려우나 보살은 모두 알며, 둘이 아닌 문에 들어가 형상 없는 법에 머무른다. 비록 다시 일체 모든 모양을 길이 버렸으나 능히 갖가지 모든 법을 널리 설하며, 모든 중생들의 마음의 욕락과 이해를 따라서 다 조복케 하여 모두 환희하게 한다.

법계가 몸이 되어 분별이 없으며, 지혜의 경계를 끝까지 다할 수 없으며, 뜻은 항상 용맹하고 마음은 항상 평등하여 일체 부처님 공덕의 끝 닿은 데를 보며, 일체 겁의 차별과 차례를 안다.

일체 법을 열어 보이며, 일체 세계에 편안히 머무르며, 일체 모든 부처님의 국토를 깨끗이 장엄하며, 일체 바른 법의 광명을 나타내어 과거와 미래와 현재의 일체 부처님 법을 연설하며, 모든 보살들의 머무르는 바 처소를 보이며, 세상의 밝은 등불이 되어 모든 선근을 내며, 세간을 길이 떠나서 항상 부처님 처소에 태어난다.

부처님의 지혜를 얻어 분명하게 앎이 제일이며, 일체 모든 부처님께서 다 함께 거두어 주시어 이미 미래의 모든 부처님 수에 들어갔으며, 모든 선우를 좇아 출생하여 뜻에 구하는 바를 모두 성취하지 못함이 없으며, 큰 위덕을 갖추고 더욱 나아가려는 뜻에 머무른다.

들은 바를 따라서 모두 능히 잘 설하며, 또한 법을 듣는 선근을 열어 보이기 위하여 실제의 법륜에 머무르며, 일체 법에 마음이 장애가 없어 모든 행을 버리지 않고 모든 분별을 여읜다.

일체 법에 마음이 흔들리는 생각이 없으며, 지혜의 광명을 얻어 모든 어리석음의 어두움을 멸하며, 일체 불법을 다 능히 밝게 비추며, 모든 존재를 파괴하지 않고 그 가운데 태어나서 일체 모든 존재의 경계가 본래부터 움직이지 않음을 밝게 알아서 몸과 입과 뜻의 업이 모두 다 끝이 없다.

비록 세속을 따라서 갖가지 한량 없는 문자를 연설하지만 항상 문자를 여읜 법을 깨뜨리지 아니하며, 부처님 바다에 깊이 들어가서 일체 법이 단지 거짓이름뿐임을 알아 모든 경계에 얽매임도 없고 집착함도 없다.

일체 법이 공하여 있는 바가 없음을 알아서 닦는 바 모든 행이 법계에서 나온다. 마치 허공이 모양도 없고 형상도 없되 법계에 깊이 들어가듯이, 수순해서 연설하여 한 경계의 문에서 일체 지혜를 낸다.

십력의 지위를 관하여 지혜로 닦고 배우며, 지혜로 다리를 삼아 살바야에 이르며, 지혜 눈으로 법을 보아 걸림이 없어 모든 지위에 잘 들어가며, 갖가지 이치를 알아 낱낱 법문을 모두 밝게 알며, 있는 바 큰 서원을 성취하지 못함이 없다.

불자들이여, 보살마하살이 이것으로 일체 여래의 차별 없는 성품을 열어 보이니 이것이 걸림 없는 방편문이며, 이것이 보살 대중모임을 능히 출생하며, 이 법이 오직 삼매의 경계이며, 이것으로 능히 살바야에 용맹하게 들어가며, 이것으로 능히 모든 삼매문을 열어 나타낸다.

이것으로 능히 장애가 없어서 모든 세계에 널리 들어가며, 이것으로 능히 일체 중생을 조복하며, 이것으로 중생들이 없는 경계에 능히 머무르며, 이것으로 일체 불법을 능히 열어 보이며, 이것이 경계에 대하여 모두 얻을 바가 없다.

비록 일체 시기에 연설하여 열어 보이지만 항상 망상 분별을 멀리 여의며, 비록 모든 법이 모두 지을 바가 없음을 알지만 일체 짓는 업을 능히 나타내 보이며, 비록 모든 부처님께서 두 모양 없음을 알지만 일체 모든 부처님을 능히 나타내 보인다.

비록 물질이 없음을 알지만 모든 물질을 연설하며, 비록 느낌이 없음을 알지만 모든 느낌을 연설하며, 비록 생각이 없음을 알지만 모든 생각을 연설하며, 비록 행이 없음을 알지만 모든 행을 연설하며, 비록 의식이 없음을 알지만 모든 의식을 연설하여 항상 법륜으로 일체를 열어 보인다.

비록 법이 생겨남이 없음을 알지만 항상 법륜을 굴리며, 비록 법이 차별이 없음을 알지만 모든 차별한 문을 설한다.

비록 모든 법이 생멸이 없음을 알지

만 일체 생멸하는 모양을 설하며, 비록 모든 법이 거칠도 없고 미세함도 없음을 알지만 모든 법의 거칠고 미세한 모양을 설한다.

비록 모든 법이 상·중·하가 없음을 알지만 최상의 법을 능히 선설하며, 비록 모든 법이 말할 수 없음을 알지만 청정한 말을 능히 연설한다.

비록 모든 법이 안도 없고 바깥도 없음을 알지만 일체 안과 밖의 모든 법을 설하며, 비록 모든 법이 밝게 알 수 없음을 알지만 갖가지 지혜로 관찰함을 설한다.

비록 모든 법이 진실함이 없음을 알지만 벗어나는 진실한 길을 설하며, 비록 모든 법이 끝까지 다함이 없음을 알지만 능히 모든 유루를 없앨 것을 연설한다.

비록 모든 법이 어길 것이 없고 다를 것이 없음을 알지만 그러나 또한 나와 남의 차별이 없지 않으며, 비록 모든 법이 필경에 스승이 없음을 알지만 일체 스승과 어른을 항상 존경한다.

비록 모든 법이 다른 이를 말미암아 깨닫는 것이 아님을 알지만 모든 선지식을 항상 존경하며, 비록 법을 굴릴 것이 없음을 알지만 법륜을 굴리며, 비록 법은 일어남이 없음을 알지만 모든 인연을 보인다.

비록 모든 법은 과거가 없음을 알지만 과거를 널리 설하며, 비록 모든 법은 미래가 없음을 알지만 미래를 널리 설하며, 비록 모든 법은 현재가 없음을 알지만 현재를 널리 설한다.

비록 모든 법은 짓는 자가 없음을

알지만 모든 업을 지음을 설하며, 비
록 모든 법은 인연이 없음을 알지만
모든 원인의 모임을 설하며, 비록 모
든 법은 평등하여 견줄 것이 없음을
알지만 평등하고 평등하지 않은 길
을 설한다.

비록 모든 법은 말이 없음을 알지
만 결정코 삼세의 법을 설하며, 비
록 모든 법은 의지할 바 없음을 알지
만 선한 법을 의지하여 벗어남을 설
하며, 비록 법은 몸이 없음을 알지만
법신을 널리 설한다.

비록 삼세 모든 부처님이 가없음을 알지만 오직 한 부처님만 계신다고 능히 연설하며, 비록 법은 색이 없음을 알지만 갖가지 색을 나타내며, 비록 법에는 소견이 없음을 알지만 모든 소견을 널리 설한다.

비록 법은 모양이 없음을 알지만 갖가지 모양을 설하며, 비록 모든 법에는 경계가 없음을 알지만 지혜의 경계를 널리 선설하며, 비록 모든 법은 차별이 없음을 알지만 수행한 결과가 갖가지로 차별함을 설한다.

비록 모든 법은 벗어날 것이 없음을 알지만 청정한 모든 벗어나는 행을 설하며, 비록 모든 법은 본래 항상 머무름을 알지만 일체 모든 흘러 다니는 법을 설하며, 비록 모든 법은 밝게 비출 것이 없음을 알지만 밝게 비추는 법을 항상 널리 설한다.

불자들이여, 보살마하살이 이와 같은 큰 위덕 있는 삼매의 지혜바퀴에 들어감에 곧 능히 일체 부처님 법을 증득하며, 곧 능히 일체 부처님 법에 들어가며, 곧 능히 성취하며, 곧 능히 원만히 하며, 곧 능히 쌓아 모으며, 곧 능히 청정케 하며, 곧 능히 편안히 머무르며, 곧 능히 요달하여 일체 법의 자성과 더불어 서로 응한다.

그러나 이 보살마하살은 약간의 여러 보살들과, 약간의 보살 법과, 약간의 보살의 구경과, 약간의 환술의 구경과, 약간의 변화의 구경과, 약간의 신통을 성취함과, 약간의 지혜를 성취함과, 약간의 사유와, 약간의 증득하여 들어감과, 약간의 나아감과, 약간의 경계가 있다고 생각하지 않는다.

무슨 까닭인가?

보살의 삼매는 이와 같은 체성이며, 이와 같이 가없고, 이와 같이 수승한 까닭이다. 이 삼매는 갖가지 경계이며, 갖가지 위력이며, 갖가지 깊이 들어감이다.

이른바 말할 수 없는 지혜의 문에 들어가며, 분별을 여읜 모든 장엄에 들어가며, 가없이 수승한 바라밀에 들어간다.

수없는 선정에 들어가며, 백천억 나유타 말할 수 없이 광대한 지혜에 들어가며, 가없는 부처님을 친견하는 수승하고 미묘한 창고에 들어간다.

경계에 쉬지 않는 데 들어가며, 청정하게 믿고 이해하는 도를 돕는 법에 들어가며, 모든 근이 매우 예리한 큰 신통에 들어간다.

경계에 대하여 마음이 걸림 없는 데 들어가며, 일체 부처님의 평등함을 보는 눈에 들어가며, 보현의 수승한 뜻과 행을 모으는 데 들어간다.

나라연의 미묘한 지혜의 몸에 머무르는 데 들어가며, 여래의 지혜바다를 설하는 데 들어가며, 한량없는 종류의 자재한 신통 변화를 일으키는 데 들어간다.

일체 부처님의 다함없는 지혜의 문을 내는 데 들어가며, 일체 부처님께서 앞에 나타나신 경계에 머무르는 데 들어가며, 보현 보살의 자재한 지혜를 깨끗이 하는 데 들어간다.

견줄 데 없는 넓은 문의 지혜를 열어 보이는 데 들어가며, 법계의 일체 미세한 경계를 널리 아는 데 들어가며, 법계의 일체 미세한 경계를 널리 나타내는 데 들어간다.

일체 수승한 지혜의 광명에 들어가며, 일체 자재한 끝 경계에 들어가며, 일체 변재의 법문 경계에 들어간다.

법계에 두루한 지혜의 몸에 들어가며, 일체 처에 두루 다니는 도를 성취하는 데 들어가며, 일체 차별한 삼매에 잘 머무르는 데 들어가며, 일체 모든 부처님의 마음을 아는 데 들어간다.

불자들이여, 이 보살마하살이 보현의 행에 머물러서 생각생각에 백억 말할 수 없는 삼매에 들어가지만, 그러나 보현 보살의 삼매와 부처님의 경계를 장엄한 앞 시절을 보지 못한다.

무슨 까닭인가?

일체 법이 끝까지 다함없음을 아

는 까닭이며, 일체 부처님 세계가 가
없음을 아는 까닭이며, 일체 중생 세
계가 부사의함을 아는 까닭이며, 앞
시절이 시작이 없음을 아는 까닭이
며, 미래가 다함없음을 아는 까닭이
다.

현재의 온 허공과 온 법계가 가없
음을 아는 까닭이며, 일체 모든 부처
님 경계가 불가사의함을 아는 까닭
이며, 일체 보살의 행이 수없음을 아
는 까닭이며, 일체 모든 부처님의 변
재로 설하시는 바 경계가 말할 수 없

고 가없음을 아는 까닭이며, 일체 환과 같은 마음으로 반연하는 법이 한량없음을 아는 까닭이다.

불자들이여, 마치 여의주가 구하는 바가 있음을 따라서 일체를 다 얻게 하는데 구하는 자가 다함이 없어도 뜻을 모두 만족케 하지만 여의주의 세력은 마침내 다하지 않듯이, 보살마하살도 또한 다시 이와 같아서, 이 삼매에 들어감에 마음이 환과 같이 일체 모든 법의 경계를 출생하여 두루 다함이 없음을 알지만 다하지 도 않고 쉬지도 않는다.

무슨 까닭인가? 보살마하살이 보현의 걸림 없는 행과 지혜를 성취하여 한량없고 광대한 환술의 경계가 마치 영상과 같아서 증감이 없음을 관찰하는 까닭이다.

불자들이여, 비유하면 범부가 각각 다르게 마음을 내는데, 이미 내었고 지금 내고 장차 벌 것이 끝이 없어서 끊어짐이 없고 다함이 없으며, 그 마음이 유전하여 계속하고 끊어지지 않음이 불가사의한 것과 같다.

보살마하살도 또한 다시 이와 같아서, 이 넓은 환문의 삼매에 들어감에 끝이 없어 측량할 수 없다. 왜냐하면 보현 보살의 넓은 환문의 한량없는 법을 밝게 통달한 까닭이다.

불자들이여, 비유하면 난타와 발난타와 마나사 용왕과 그 나머지 큰 용왕들이 비를 내릴 때에 빗방울이 마치 수레바퀴 축처럼 끝이 없음이라, 비록 이와 같이 비내리지만 구름은 마침내 다하지 않으니, 이것은 모든 용왕들의 지음이 없는 경계인 것과 같다.

보살마하살도 또한 다시 이와 같아서, 이 삼매에 머무름에 보현 보살의 모든 삼매문과, 지혜문과, 법문과, 모든 부처님을 친견하는 문과, 모든 방위에 가는 문과, 마음이 자재한 문과, 가지하는 문과, 신통 변화하는 문과, 신통문과, 환술로 변화하는 문과, 모든 법이 환과 같은 문과, 말할 수 없이 말할 수 없는 모든 보살들이 가득한 문에 들어간다.

말할 수 없이 말할 수 없는 부처님 세계 미진수 여래의 정각의 문을 친근하며, 말할 수 없이 말할 수 없는 광대한 환술 그물의 문에 들어가며, 말할 수 없이 말할 수 없는 차별하고 광대한 부처님 세계의 문을 알며, 말할 수 없이 말할 수 없는 체성이 있고 체성이 없는 세계의 문을 안다.

말할 수 없이 말할 수 없는 중생들의 생각하는 문을 알며, 말할 수 없이 말할 수 없는 시간의 차별한 문을 알며, 말할 수 없이 말할 수 없는 세계가 이루어지고 무너지는 문을 알며, 말할 수 없이 말할 수 없는 엎어져서 머무르고 잦혀져서 머무르는 모든 부처님 세계의 문을 알아 잠깐 동안에 모두 사실과 같이 안다.

이와 같이 들어갈 때에 끝이 없고 다함이 없으며, 피로해하지도 않고 싫어하지도 않으며, 끊어지지도 않고 쉬지도 않으며, 물러나지도 않고 잃어버리지도 않으며, 모든 법 가운데 잘못된 곳에 머무르지도 않으며,

항상 바르게 사유하여 가라앉지도 않고 들뜨지도 않는다.

일체지를 구하되 항상 물러서거나 버리지 아니하며, 일체 부처님 세계에서 세상을 비추는 밝은 등불이 되어 말할 수 없이 말할 수 없는 법륜을 굴리며, 미묘한 변재로 여래께 묻되 끝까지 다하는 때가 없으며, 부처님 도를 이룸을 보이되 끝이 없으며, 중생들을 조복하되 언제나 폐하여 버리지 않으며, 항상 부지런히 보현의 행원을 닦아 익혀 일찍이 쉬지 않으며, 한량없고 말할 수 없이 말할 수 없는 색상의 몸을 나타내 보여 단절함이 없다.

무슨 까닭인가?

비유하면 타는 불이 있는 바 연을 따라서 그러한 때에는 불이 일어나 쉬지 아니하듯이, 보살마하살도 또한 다시 이와 같아서, 중생계와 법계와 세계가 마치 허공처럼 끝이 없음을 관찰하며, 내지 능히 잠깐 동안에 말할 수 없이 말할 수 없는 부처님 세계 미진수의 부처님 처소에

가며, 낱낱 부처님 처소에서 말할 수 없이 말할 수 없는 일체 지혜의 갖가지 차별한 법에 들어가서, 말할 수 없이 말할 수 없는 중생계로 하여금 출가하여 도를 위해 선근을 부지런히 닦아서 끝까지 청정케 한다.

말할 수 없이 말할 수 없는 보살들로 하여금 보현의 행원에 아직 결정치 못한 자는 결정케 하여 보현의 지혜의 문에 편안히 머무르게 하며, 한량없는 방편으로 말할 수 없이 말할 수 없는 삼세가 이루어지고 머무르고 무너지는 광대한 차별한 겁에 들어가며, 말할 수 없이 말할 수 없는 이루어지고 머무르고 무너지는 세간의 차별한 경계에서 그러한 바 대비와 대원을 일으켜 한량없는 일체 중생을 조복하여 모두 남음이 없게 한다.

왜냐하면 이 보살마하살이 일체 중생을 제도하여 해탈시키려 보현의 행을 닦고, 보현의 지혜를 내고, 보현이 가진 행원을 만족케 하는 것이다.

그러므로 모든 보살들이 마땅히 이러한 종류와, 이러한 경계와, 이러한 위덕과, 이러한 광대함과, 이러한 한량없음과, 이러한 부사의함과, 이러한 널리 밝게 비춤과, 이러한 일체 모든 부처님께서 앞에 나타나 머무르심과, 이러한 일체 여래의 호념하시는 바와, 이러한 지난 옛적의 선근을 성취함과, 이러한 그 마음이 걸림 없고 흔들리지 않는 삼매에서 더 부지런히 닦아 익혀 모든 뜨거운 번뇌를 여의며, 피로해하거나 싫어하지도 않고 마음이 물러나지도 않으며, 깊이 즐거운 뜻을 세우고 용맹하여 겁이 없어서 삼매의 경계를 따라 사의하기 어려운 지혜의 지위에 들어갈 것이다.

문자에 의지하지도 말고, 세간에 집착하지도 말고, 모든 법을 취하지도 말고, 분별을 일으키지도 말고, 세상 일에 물들어 집착하지도 말고, 경계를 분별하지도 말고, 모든 법을 아는 지혜에 단지 마땅히 편안히 머물러야 하고, 마땅히 헤아리지 말아야 한다.

이른바 일체지를 친근하여 부처님의 보리를 깨닫고, 법의 광명을 성취하여 일체 중생에게 선근을 베풀어 주며, 마의 경계에서 중생들을 건져 내어 그들로 하여금 부처님 법의 경계에 들어가게 하며, 큰 서원을 버리지 말고 벗어나는 길을 부지런히 관찰하며, 청정한 경계를 더욱 넓혀서 모든 바라밀을 성취케 할 것이다.

일체 부처님께 깊이 신심과 지해를 내고, 항상 마땅히 일체 법의 성품을

관찰하여 잠깐도 버리지 말며, 마땅
히 자기의 몸이 모든 법의 성품과 널
리 다 평등함을 알며, 마땅히 세간
에서 짓는 바 일을 분명히 알고 그 법
과 같은 지혜와 방편을 보이며, 마땅
히 항상 정진하여 쉬지 말아야 한다.

마땅히 자신의 선근이 적음을 살
피고, 마땅히 다른 이의 모든 선근을
부지런히 늘게 하며, 마땅히 일체 지
혜의 도를 스스로 수행하며, 마땅히
보살의 경계를 부지런히 늘게 하며,
마땅히 모든 선지식을 즐겨 친근하

며, 마땅히 동행하는 이와 함께 머물러야 한다.

마땅히 부처님을 분별하지 말고, 마땅히 생각 떠남을 버리지 말며, 마땅히 평등한 법계에 항상 편안히 머무르며, 마땅히 일체 마음과 의식이 환과 같음을 알며, 마땅히 세간의 모든 행이 꿈과 같음을 알아야 한다.

마땅히 모든 부처님께서 원력으로 출현하심이 마치 영상과 같음을 알아야 하며, 마땅히 일체 모든 광대한 업이 마치 변화와 같음을 알아야 하며, 마땅히 언어는 모두 다 메아리와 같음을 알아야 하며, 마땅히 모든 법이 일체가 환과 같음을 관찰해야 하며, 마땅히 일체 생멸하는 법이 다 음성과 같음을 알아야 한다.

마땅히 가는 곳마다 일체 부처님의 세계가 다 체성이 없음을 알아야 하며, 마땅히 여래께 부처님 법을 청하여 묻되 고달픔을 내지 말아야 하며, 마땅히 일체 세간을 깨우치기 위하여 부지런히 가르침을 더하고 떠나 버리지 말아야 하며, 마땅히 일체 중생을 조복하되 때를 알고 법을 설하여 쉬지 말아야 한다.

불자들이여, 보살마하살이 이와 같이 보현의 행을 수행하며, 이와 같이 보살의 경계를 원만케 하며, 이와 같이 벗어나는 길을 통달하며, 이와 같이 삼세 부처님의 법을 받아 지니며, 이와 같이 일체 지혜의 문을 관찰한다.

이와 같이 변하지 않는 법을 사유하며, 이와 같이 더욱더 즐거워하는 생각을 밝고 깨끗이 하며, 이와 같이 일체 여래를 믿고 이해하며, 이와 같이 부처님의 넓고 큰 힘을 분명히 알며, 이와 같이 걸리는 바 없는 마음을 결정하며, 이와 같이 일체 중생을 거두어 준다.

불자들이여, 보살마하살이 보현 보살이 머무른 이와 같은 큰 지혜삼매에 들어갔을 때에, 시방에 각각 말할 수 없이 말할 수 없는 국토가 있고,

낱낱 국토에 각각 말할 수 없이 말할 수 없는 부처님 세계 미진수의 여래 명호가 있으며, 낱낱 명호에는 각각 말할 수 없이 말할 수 없는 부처님 세계 미진수의 모든 부처님께서 계시는데, 그 앞에 나타나시어 여래의 기억하는 힘을 주셔서 여래의 경계를 잊지 않게 하며, 일체 법에 끝까지 이르는 지혜를 주시어 일체지에 들어가게 하신다.

일체 법과 갖가지 이치를 아는 결정한 지혜를 주시어 일체 불법을 받

아지니어 걸림 없는 데 들어가게 하
며, 위없는 부처님의 보리를 주시어
일체지에 들어가 법계를 깨닫게 하
신다.

보살의 구경의 지혜를 주시어 일체
법의 광명을 얻어 모든 캄캄한 어두
움이 없게 하며, 보살의 물러나지 않
는 지혜를 주시어 때와 때 아님을 아
는 선교방편으로 중생들을 조복하게
하신다.

장애 없는 보살의 변재를 주시어
가없는 법을 깨닫고 다함없이 연설

하게 하며, 신통 변화하는 힘을 주시
어 말할 수 없이 말할 수 없는 차별
한 몸의 가없는 모양이 갖가지로 같
지 않음을 나타내어 중생들을 깨닫
게 하신다.

원만한 음성을 주시어 말할 수 없
이 말할 수 없는 차별한 음성과 갖가
지 말을 나타내어 중생들을 깨닫게
하며, 헛되지 않은 힘을 주시어 일체
중생이 형상을 보거나 법을 들으면
모두 다 성취하고 헛되이 지나는 자
가 없게 하신다.

불자들이여, 보살마하살이 이와
같이 보현의 행을 만족한 까닭으로
여래의 힘을 얻고 벗어나는 길을 깨
끗이 하고 일체지를 만족하여 걸림
없는 변재와 신통 변화로 구경에는
일체 중생을 조복하며, 부처님의 위
덕을 갖추고 보현의 행을 깨끗이 하
고 보현의 도에 머물러서 오는 세상
이 다하도록 일체 중생을 조복하려
하기 위하여 일체 부처님의 미묘한
법륜을 굴린다.

무슨 까닭인가?

불자들이여, 이 보살마하살이 이와 같이 수승한 큰 서원과 모든 보살들의 행을 성취하면 곧 일체 세간의 법사가 되며, 곧 일체 세간의 법의 태양이 되며, 곧 일체 세간의 지혜의 달이 되며, 곧 일체 세간의 수미산왕이 되어 우뚝하게 높이 솟아 견고하여 흔들리지 않는다.

곧 일체 세간의 가없는 지혜바다가 되며, 곧 일체 세간에서 바른 법의 밝은 등불이 되어 가없이 널리 비추어 계속 이어져 끊이지 않으며, 일체 중생을 위하여 가없이 청정한 공덕을 열어 보여 모두 공덕과 선근에 편안히 머무르게 한다.

일체 지혜를 따라 큰 서원이 평등하여 보현의 광대한 행을 닦아 익히며, 항상 능히 한량없는 중생들에게 발심하기를 권하여 말할 수 없이 말할 수 없는 광대한 행의 삼매에 머물러서 큰 자재를 나타낸다.

불자들이여, 이 보살마하살이 이

와 같은 지혜를 얻고 이와 같은 법을 증득하고 이와 같은 법에 자세히 머물러서 분명하게 보며, 이와 같은 위신력을 얻고 이와 같은 경계에 머물러서 이와 같은 신통 변화를 나타내며, 이와 같은 신통을 일으키며, 항상 대비에 편안하게 머무른다.

중생을 항상 이익하게 하며, 중생에게 안온한 바른 길을 열어 보이며, 복과 지혜의 큰 광명 깃대를 세우며, 부사의한 해탈을 증득하며, 일체지의 해탈에 머무르며, 모든 부처님의

해탈의 피안에 이르며, 부사의한 해
탈의 방편문을 배워서 이미 성취하였
다.

법계의 차별한 문에 들어가서 착
란이 없으며, 보현의 말할 수 없이
말할 수 없는 삼매에서 유희하고 자
재하며, 사자분신지혜에 머물러 마
음에 걸림이 없다.

그 마음이 항상 열 가지 큰 법장에
머무르니, 무엇이 열인가?

이른바 일체 모든 부처님을 기억하
여 생각함에 머무르며, 일체 부처님

법을 기억하여 생각함에 머무르며, 일체 중생을 조복하는 대비에 머무르며, 부사의한 청정 국토를 나타내 보이는 지혜에 머무르며, 모든 부처님의 경계에 깊이 들어가는 결정한 지혜에 머무른다.

과거와 미래와 현재의 일체 부처님의 평등한 모습의 보리에 머무르며, 걸림 없고 집착 없는 경계에 머무르며, 일체 법의 모양 없는 성품에 머무르며, 과거와 미래와 현재의 일체 부처님의 평등한 선근에 머무른다.

　　과거와 미래와 현재의 일체 여래께서 법계에 차별 없는 몸과 말과 뜻의 업으로 앞에서 인도하시는 지혜에 머무르며, 삼세의 일체 모든 부처님께서 태어나고 출가하고 도량에 나아가 정각을 이루고 법륜을 굴리고 열반에 드심을 관찰하여 모두 찰나의 경계에 들어가는 데 머무른다.

　　불자들이여, 이 열 가지 큰 법장은 광대하고 한량없어서 셀 수 없고, 일컬을 수 없고, 생각할 수 없고, 설할 수 없으며, 끝까지 다할 수 없고, 참

아 받기 어렵다. 일체 세간의 지혜로
는 능히 일컬어 말할 수 없다.

　불자들이여, 이 보살마하살은 이
미 보현의 모든 행의 피안에 이르렀
으며, 청정한 법을 증득하여 뜻의 힘
이 광대하며, 중생의 한량없는 선근
을 열어 보이며, 보살의 일체 세력을
증장하여 생각생각 사이에 보살의
일체 공덕을 만족하며, 보살의 일체
모든 행을 성취하였다.

일체 부처님의 다라니 법을 얻으며, 일체 모든 부처님의 말씀하신 것을 받아 지니며, 비록 진여의 실제에 항상 편안히 머무르면서도 일체 세속의 말을 따라서 일체 중생을 조복함을 나타내 보인다.

왜냐하면 보살마하살이 이 삼매에 머무르면 법이 이와 같기 때문이다.

불자들이여, 보살마하살이 이 삼매로써 일체 부처님의 광대한 지혜를 얻으며, 일체 광대한 법을 교묘하게 설하는 자재한 변재를 얻으며, 일체 세계 가운데 가장 수승하고 청정하고 두려움이 없는 법을 얻으며, 일체 삼매에 들어가는 지혜를 얻으며, 일체 보살의 선교방편을 얻는다.

일체 법의 광명문을 얻으며, 일체 세간을 편안하게 위로하는 법의 피안에 이르며, 일체 중생의 때와 때 아님을 알고 시방세계의 일체 처를 비추어 일체 중생으로 하여금 수승한 지혜를 얻게 하며, 일체 세간의 위없는 스승이 되고 일체 모든 공덕에 편안히 머물러서 일체 중생에게 청정한 삼매를 열어 보여 가장 높은 지혜에 들어가게 한다.

무슨 까닭인가?

보살마하살이 이와 같이 수행하면 중생들을 이익케 하고, 대비심을 증장하고, 선지식을 친근하고, 일체 부처님을 친견하고, 일체 법을 안다.

일체 세계에 나아가고, 일체 방위에 들어가고, 일체 세상에 들어가고, 일체 법의 평등한 성품을 깨닫고, 일체 부처님의 평등한 성품을 알고, 일체 지혜의 평등한 성품에 머무른다.

이 법 가운데 이와 같은 업을 짓고 다른 업은 짓지 않는다. 아직 만족하지 않은 마음에 머무르고, 산란하지 않은 마음에 머무르고, 한결같은 마음에 머무르고, 부지런히 닦는 마음에 머무르고, 결정한 마음에 머무르고, 변동하지 않는 마음에 머물러서, 이와 같이 사유하고 이와 같이 업을 짓고 이와 같이 구경에 이른다.

불자들이여, 보살마하살은 말과
달리 다르게 짓는 일이 없고, 말과
같이 같게 짓는 일만 있다.

무슨 까닭인가?

비유하면 금강은 깨뜨릴 수 없음으
로써 그 이름을 얻어서 마침내 어느
때나 깨뜨릴 수 없음을 떠남이 없듯
이, 보살마하살도 또한 다시 이와 같
아서, 모든 행의 법으로써 그 이름을
얻어서 마침내 모든 행의 법을 떠날
때가 없다.

비유하면 진금은 미묘한 색이 있음

으로써 그 이름을 얻어서 마침내 어느 때나 미묘한 색을 떠남이 없듯이, 보살마하살도 또한 다시 이와 같아서, 모든 선업으로써 그 이름을 얻어서 마침내 모든 선업을 떠날 때가 없다.

비유하면 일천자는 광명바퀴로써 그 이름을 얻어서 마침내 어느 때나 광명바퀴를 떠남이 없듯이, 보살마하살도 또한 다시 이와 같아서, 지혜 광명으로써 그 이름을 얻어서 마침내 지혜 광명을 떠날 때가 없다.

비유하면 수미산왕은 네 가지 보배 봉우리가 큰 바다 속에서 우뚝 높이 솟음으로써 그 이름을 얻어서 마침내 어느 때나 네 봉우리를 버리고 떠남이 없듯이, 보살마하살도 또한 다시 이와 같아서, 모든 선근으로 세상에 있어서 우뚝 높이 솟음으로써 그 이름을 얻어서 마침내 선근을 버리고 떠날 때가 없다.

비유하면 대지가 일체를 유지함으로써 그 이름을 얻어서 마침내 어느 때나 능히 유지함을 버리고 떠남이 없듯이, 보살마하살도 또한 다시 이와 같아서, 일체를 제도함으로써 그 이름을 얻어서 마침내 대비를 버리고 떠날 때가 없다.

비유하면 큰 바다는 온갖 물을 머금음으로써 그 이름을 얻어서 마침내 어느 때나 물을 버리고 떠남이 없듯이, 보살마하살도 또한 다시 이와 같아서, 모든 큰 서원으로써 그 이름을 얻어서 마침내 잠시도 중생을 제도하려는 원을 버리지 않는다.

비유하면 장군은 능히 전투하는 법

에 익숙함으로써 그 이름을 얻어서 마침내 어느 때나 이 능숙함을 버리고 떠남이 없듯이, 보살마하살도 또한 다시 이와 같아서, 이와 같은 삼매에 능히 익숙함으로써 그 이름을 얻어서 이에 일체지의 지혜를 성취함에 이르기까지 마침내 이 행을 버리고 떠날 때가 없다.

마치 전륜왕은 사천하를 통치함에 항상 일체 중생을 부지런히 수호하여 횡사함이 없고 항상 쾌락을 받게 하듯이, 보살마하살도 또한 다시 이와 같아서, 이와 같은 등의 모든 큰 삼매에 들어서 일체 중생을 항상 부지런히 교화하여 내지 그들을 구경에 청정하게 한다.

비유하면 씨앗을 땅에 심으면 내지 능히 줄기와 잎을 자라나게 하듯이, 보살마하살도 또한 다시 이와 같아서, 보현의 행을 닦아서 내지 능히 일체 중생으로 하여금 선법이 증장하게 한다.

비유하면 큰 구름이 더운 여름에 큰 비를 내려서 내지 일체 종자를 자라.나게 하듯이, 보살마하살도 또한 다시 이와 같아서, 이와 같은 등의 모든 큰 삼매에 들어서 보살의 행을 닦고 큰 법의 비를 내려서, 내지 능히 일체 중생으로 하여금 구경에 청정하며, 구경에 열반하며, 구경에 안온하며, 구경에 피안에 이르며, 구경에 환희하며, 구경에 의심을 끊게 하며, 모든 중생들의 구경의 복밭이 된다.

그들로 하여금 보시하는 업이 다 청정을 얻게 하며, 그들이 다 물러나지 않는 도에 머무르게 하며, 그들이 함께 일체지의 지혜를 얻게 하며, 그들이 다 삼계에서 벗어남을 얻게 하며, 그들이 다 구경의 지혜를 얻게 하며, 그들이 다 모든 부처님 여래의 구경의 법을 얻게 하며, 모든 중생들을 일체지의 처소에 둔다.

무슨 까닭인가? 보살마하살이 이 법을 성취하면 지혜가 명료하여 법계의 문에 들어가서 보살의 불가사의하고 한량없는 모든 행을 능히 깨끗이 한다.

이른바 모든 지혜를 능히 깨끗이 하니 일체지를 구하는 까닭이며, 능히 중생들을 깨끗이 하니 조복시키는 까닭이며, 능히 국토를 깨끗이 하니 항상 회향하는 까닭이며, 능히 모든 법을 깨끗이 하니 널리 분명하게 아는 까닭이다.

능히 두려움 없음을 깨끗이 하니 겁약함이 없는 까닭이며, 능히 걸림 없는 변재를 깨끗이 하니 교묘하게 연설하는 까닭이며, 능히 다라니를 깨끗이 하니 일체 법에 자재함을 얻는 까닭이며, 능히 친근하는 행을 깨끗이 하니 일체 부처님께서 세상에 출현하심을 항상 보는 까닭이다.

불자들이여, 보살마하살이 이 삼매에 머무르면 이와 같은 등 백천억 나유타 말할 수 없이 말할 수 없는 청정한 공덕을 얻으니, 이와 같은 등 삼매의 경계에 자재함을 얻는 까닭이며, 일체 모든 부처님께서 가피하시는 바인 까닭이며, 자기 선근의 힘에서 흘러나오는 까닭이며, 지혜의

지위에 들어간 큰 위신력인 까닭이
며, 모든 선지식의 인도하는 힘인 까
닭이다.

　일체 모든 마군을 꺾어 항복받는
힘인 까닭이며, 다 같은 선근의 순수
하고 깨끗한 힘인 까닭이며, 광대한
서원과 욕락의 힘인 까닭이며, 심은
바 선근이 성취하는 힘인 까닭이며,
모든 세간을 초월한 다함없는 복에
상대가 없는 힘인 까닭이다.

　불자들이여, 보살마하살이 이 삼
매에 머무르면 열 가지 법을 얻어 과

거와 미래와 현재의 일체 모든 부처
님과 같게 된다.

무엇이 열인가?

이른바 모든 상호의 갖가지 장엄을
얻음이 모든 부처님과 같고, 능히 청
정한 큰 광명 그물을 놓음이 모든 부
처님과 같고, 신통 변화로 중생들을
조복함이 모든 부처님과 같고, 가없
는 색신과 청정한 원음이 모든 부처
님과 같다.

중생들의 업을 따라 청정한 불국토
를 나타냄이 모든 부처님과 같고, 일

체 중생에게 있는 언어를 모두 능히 거두어 지녀서 잊지 않고 잃지 않음이 모든 부처님과 같고, 다함이 없는 변재로 중생의 마음을 따라 법륜을 굴리어 지혜를 생기게 함이 모든 부처님과 같다.

큰 사자후로 겁내고 두려워하는 바 없이 한량없는 법으로 중생들을 깨우침이 모든 부처님과 같고, 잠깐 동안에 큰 신통으로 널리 삼세에 들어감이 모든 부처님과 같고, 일체 중생에게 모든 부처님의 장엄과 모든 부처님의 위신력과 모든 부처님의 경계를 널리 능히 나타내 보이는 것이 모든 부처님과 같다."

그때에 보안 보살이 보현 보살에게 말하였다.

"불자시여, 이 보살마하살이 이와 같은 법을 얻어 모든 여래와 같다면 무슨 까닭으로 부처님이라고 이름하지 않으며, 무슨 까닭으로 십력이라고 이름하지 않으며, 무슨 까닭으로 일체지라고 이름하지 않습니까?

　　무슨 까닭으로 일체 법에서 보리를 얻은 자라고 이름하지 않으며, 무슨 까닭으로 넓은 눈이라고 이름하지 않으며, 무슨 까닭으로 일체 경계 가운데 걸림 없이 보는 자라고 이름하지 않으며, 무슨 까닭으로 일체 법을 깨달았다고 이름하지 않으며, 무슨 까닭으로 삼세 부처님과 더불어 둘이 없이 머무른 자라고 이름하지 않으며, 무슨 까닭으로 실제에 머무른 자라고 이름하지 않습니까?

　　무슨 까닭으로 보현의 행원을 수행

하여 오히려 아직도 쉬지 않으며, 무슨 까닭으로 능히 법계의 끝까지 보살도를 버리지 않습니까?"

그때에 보현 보살이 보안 보살에게 말하였다.

"훌륭합니다. 불자여, 그대가 말한 바와 같이, 만약 이 보살마하살이 일체 부처님과 같다면 무슨 뜻으로 부처님이라 이름하지 않으며, 내지 능히 보살도를 버리지 않는가?

불자여, 이 보살마하살이 이미 과

거와 미래와 현재 세상의 일체 보살의 갖가지 행원을 능히 닦아 익혀서 지혜의 경계에 들어갔으므로 곧 '부처님'이라 이름하고, 여래의 처소에서 보살의 행을 닦아서 쉬지 않으므로 보살이라 이름한다.

여래의 모든 힘에 모두 다 이미 들어갔으므로 곧 '십력'이라 이름하고, 비록 십력을 이루었으나 보현의 행을 행하여 쉬지 않으므로 보살이라 이름한다.

일체 법을 알아서 능히 연설하므

로 '일체지'라 이름하고, 비록 능히 일체 모든 법을 연설하지만 낱낱 법을 잘 교묘하게 사유하여 아직 일찍이 쉬지 않았으므로 보살이라 이름한다.

일체 법이 두 모양이 없음을 알므로 이것을 곧 '일체 법을 깨달았다.'라 이름하고, 둘이며 둘이 아닌 일체 모든 법의 차별한 도를 교묘하게 관찰하고 점점 더 수승하여 쉬지 않으므로 보살이라 이름한다.

이미 능히 넓은 눈의 경계를 밝게

보았으므로 '넓은 눈'이라 이름하고, 비록 능히 넓은 눈의 경계를 증득하였으나 생각생각에 증장하여 아직 일찍이 쉬지 않았으므로 보살이라 이름한다.

일체 법을 모두 능히 밝게 비추어 모든 어둠의 장애를 떠났으므로 '걸림 없이 보는 이'라 이름하고, 걸림 없이 보는 자를 항상 부지런히 생각하므로 보살이라 이름한다.

이미 모든 부처님 지혜의 눈을 얻었으므로 이것을 곧 '일체 법을 깨달

앗다.'라 이름하고, 모든 여래의 바른 깨달음의 지혜 눈을 관찰하여 방일하지 않으므로 보살이라 이름한다.

부처님께서 머무르시는 데 머물러 부처님과 더불어 둘이 아니므로 '부처님과 둘이 없이 머무른 자'라 이름하고, 부처님의 거두어주심이 되어 모든 지혜를 닦으므로 보살이라 이름한다.

일체 세간의 실제를 항상 관찰하므로 이것을 곧 '실제에 머무른 자'

라 이름하고, 비록 모든 법의 실제를 항상 관찰하나 증득하여 들어가지 아니하고 또한 버리고 여의지도 않으므로 보살이라 이름한다.

오지도 않고 가지도 않으며 같음도 없고 다름도 없어서 이와 같은 분별을 모두 다 길이 쉬었으므로 이것을 곧 '서원을 쉰 자'라 이름하고, 광대하게 닦아 익혀서 원만하고 물러나지 아니하므로 '보현의 원을 아직 쉬지 않은 자'라 이름한다.

법계는 끝이 없음과 일체 모든 법

이 한 모양이며 모양 없음을 밝게 알았으므로 이것을 곧 '법계의 끝까지 보살의 도를 버렸다.'라 이름하고, 비록 법계가 끝이 없음을 알지만 그러나 일체 갖가지 다른 모양을 알아서 대비의 마음을 일으켜 모든 중생들을 제도하되 오는 세월이 끝나도록 피로해하거나 싫어하지 않으므로 이것을 곧 '보현 보살'이라 이름한다.

불자여, 비유하면 이나발나 코끼리

왕이 금협산 칠보굴 속에 머무르는데, 그 굴의 주위가 모두 칠보로 난간이 되고, 보배 다라나무가 차례로 줄지었으며, 진금 그물로 그 위를 두루 덮었고, 코끼리 몸의 깨끗함이 마치 흰 눈과 같다. 위에 금당기를 세웠는데 금으로 영락이 되었고 보배 그물로 코를 덮고 보배 방울을 드리웠으며, 일곱 기둥이 성취되고 여섯 어금니가 구족하며 단정하고 원만하여, 보는 자가 기뻐하고 즐거워하며, 길이 잘 들여져 온순하여 마음에 거

스르는 바가 없다.

만약 제석천왕이 장차 나들이 가려 하면 그때에 코끼리왕은 곧 그 뜻을 알고 곧 보배굴에서 그 형상을 감추고 도리천의 제석천주 앞에 이르러 신통력으로써 갖가지로 변하여 나타난다. 그 몸에 서른 셋의 머리가 있고, 낱낱 머리에 일곱 어금니를 변화해 만들며, 낱낱 어금니에 일곱 못을 변화해 만들며, 낱낱 못 가운데 일곱 연꽃이 있으며, 낱낱 연꽃에는 일곱 채녀가 있어 일시에 백천 가지 하늘

음악을 함께 연주한다.

이때에 제석천왕은 이 보배코끼리를 타고 난승전에서부터 꽃동산에 나아가면 흰 연꽃이 그 가운데 두루 가득하며, 이때에 제석천왕이 꽃동산에 이르러서는 코끼리에서 내려 일체 보장엄전에 들어가 한량없는 채녀로 시종을 삼고 노래와 기악으로 모든 쾌락을 받았다.

그때에 코끼리왕이 다시 신통으로 그 코끼리 형상을 숨기고 천신의 몸이 되어 나타나, 삼십삼천과 그리고 모든 채녀들과 더불어 흰 연꽃이 만발한 동산에서 즐겁게 노는데, 나타난 바 몸매와 광명과 의복과, 오고 가고 나아가고 멈추고, 말하고 웃고 바라보는 것이 모두 저 천신들과 같아서 평등하여 다름이 없다. 이것이 코끼리인지 이것이 천신인지 분별할 수 없을 만큼 코끼리와 천신들이 서로 비슷하였다.

불자여, 그 이나발나 코끼리왕이 금협산의 칠보굴 속에서는 변화하는 것이 없지만, 삼십삼천의 위에 이르

러서 석제환인에게 공양올리려고 갖
가지 모든 즐거운 물건들을 변화하
여 만들어 천신의 쾌락을 받음이 천
신들과 더불어 다름이 없음과 같다.

불자여, 보살마하살도 또한 다시
이와 같아서, 보현 보살의 행원과 모
든 삼매를 닦아 익히는 것으로 온갖
보배의 장엄거리를 삼고 일곱 보리분
법으로 보살의 몸을 삼으며, 놓은 바
광명으로 그물을 삼는다.

큰 법의 깃대를 세우고 큰 법의 종
을 울리며, 대비로 굴을 삼고 견고한

큰 서원으로 그 어금니를 삼으며, 지혜와 두려움 없음이 마치 사자와 같고 법의 비단을 정수리에 매고 비밀을 열어 보이며, 모든 보살들의 행원의 피안에 이른다.

보리의 자리에 편안히 앉아서 일체지를 이루고 가장 바른 깨달음을 얻기 위하여, 보현의 광대한 행원을 증장하여 물러나지 않고, 쉬지 않고 끊지 않고 버리지 않으며, 대비로 정진하여 오는 세월이 끝나도록 일체 고뇌의 중생들을 제도하여 해탈시킨

다.

　보현의 도를 버리지 않고 가장 바른 깨달음을 이룸을 나타내며, 말할 수 없이 말할 수 없는 정각을 이루는 문을 나타내며, 말할 수 없이 말할 수 없는 법륜을 굴리는 문을 나타내며, 말할 수 없이 말할 수 없는 깊은 마음에 머무르는 문을 나타낸다.

　말할 수 없이 말할 수 없는 광대한 국토에서 열반의 변화하는 문을 나타내며, 말할 수 없이 말할 수 없는 차별한 세계에 태어나서 보현의 행을 닦음을 나타내며, 말할 수 없이 말할 수 없는 여래가 말할 수 없이 말할 수 없는 광대한 국토의 보리수 아래에서 가장 바른 깨달음을 이루며, 말할 수 없이 말할 수 없는 보살 대중들이 친근하고 둘러싸 있음을 나타낸다.

혹 한 생각 사이에 보현의 행을 닦아 바른 깨달음을 이룬다. 혹은 잠깐 사이와 혹은 한 시간과 혹은 하루와 혹은 반 달과 혹은 한 달과 혹은 일 년과 혹은 수없는 해와 혹은

한 겁과 이와 같이 내지 말할 수 없
이 말할 수 없는 겁에 보현의 행을
닦아서 바른 깨달음을 이룬다.

다시 일체 모든 부처님 세계에서
상수가 되어 부처님을 친근하고 예
배하고 공양올리며, 환과 같은 경계
를 묻고 관찰하여 보살의 한량없는
모든 행과, 한량없는 모든 지혜와,
갖가지 신통 변화와, 갖가지 위덕과,
갖가지 지혜와, 갖가지 경계와, 갖
가지 신통과, 갖가지 자재함과, 갖
가지 해탈과, 갖가지 법의 밝음과,

갖가지로 교화하고 조복하는 법을 청정하게 닦는다.

불자여, 보살마하살이 본래의 몸은 없어지지 아니하고, 행원의 힘으로 일체 처소에서 이와 같이 변화하여 나타난다.

무슨 까닭인가?

보현의 자재한 위신력으로 일체 모든 중생들을 조복하려는 까닭이며, 말할 수 없이 말할 수 없는 중생들로 하여금 청정함을 얻게 하려는 까닭이며, 그들로 하여금 생사에서 윤회함을 영원히 끊게 하려는 까닭이며, 광대한 모든 세계를 깨끗이 장엄하려는 까닭이며, 일체 모든 여래를 항상 친견하려는 까닭이다.

일체 부처님 법의 흐름에 깊이 들어가려는 까닭이며, 삼세의 모든 부처님 종성을 생각하려는 까닭이며, 시방의 일체 부처님 법과 법신을 생각하려는 까닭이며, 일체 보살의 모든 행을 널리 닦아서 원만하게 하려는 까닭이며, 보현의 흐름에 들어가서 자재하게 일체지를 능히 증득하려는 까닭이다.

불자여, 그대는 응당 이 보살마하살이 보현의 행을 버리지 않으며, 보살의 도를 끊지 않고, 일체 부처님을 친견하며, 일체지를 증득하고, 일체지의 법을 자재하게 수용하는 것을 관찰하라.

마치 이나발나 코끼리왕이 코끼리의 몸을 버리지 않고 삼십삼천에 가서 천신들을 태우고, 천신들의 즐거움을 받고, 천신들의 유희를 지어,

천주를 받들어 섬기면서 하늘 채녀
들과 더불어 즐기되 모든 천신들과
동등하여 차별이 없는 것과 같다.

불자여, 보살마하살도 또한 다시
이와 같아서, 보현 대승의 모든 행을
버리지 않으며, 모든 서원에서 물러
나지 않고, 부처님의 자재함을 얻어
서 일체지를 갖추며, 부처님의 해탈
을 증득하여 막힘도 없고 걸림도 없
으며, 청정함을 성취하여 모든 국토
에 물들어 집착하는 바도 없고, 부처
님 법에 분별하는 바도 없다.

비록 모든 법이 널리 다 평등하여 두 모양이 없음을 알지만 항상 일체 부처님 국토를 분명히 보며, 비록 이미 삼세의 모든 부처님과 동등하지만 보살의 행을 닦아서 계속하여 끊지 않는다.

불자여, 보살마하살이 이와 같이 보현의 행원인 광대한 법에 편안히 머무르면, 이 사람은 마음이 청정해짐을 마땅히 알아야 한다.

불자여, 이것이 보살마하살의 열째 '걸림 없는 바퀴 큰 삼매의 수승한 마음과 광대한 지혜'이다.

　불자여, 이것이 보살마하살이 머
무르는 바 보현행의 열 가지 큰 삼매
바퀴이다.”

〈대방광불화엄경 제43권〉

회향송

아차보현수승행
무변승복개회향
보원침익제중생
속왕무량광불찰

시방삼세일체불
제존보살마하살
마하반야바라밀

我此普賢殊勝行
無邊勝福皆迴向
普願沈溺諸眾生
速往無量光佛剎

十方三世一切佛
諸尊菩薩摩訶薩
摩訶般若波羅蜜

大方廣佛華嚴經 — 부록

•

대방광불화엄경 목차

•

간행사

대방광불화엄경
목차

〈제1회〉

제1권 　제1품 　세주묘엄품 [1]

제2권 　제1품 　세주묘엄품 [2]

제3권 　제1품 　세주묘엄품 [3]

제4권 　제1품 　세주묘엄품 [4]

제5권 　제1품 　세주묘엄품 [5]

제6권 　제2품 　여래현상품

제7권 　제3품 　보현삼매품

　　　 　제4품 　세계성취품

제8권 　제5품 　화장세계품 [1]

제9권 　제5품 　화장세계품 [2]

제10권 　제5품 　화장세계품 [3]

제11권 　제6품 　비로자나품

〈제2회〉

제12권 　제7품 　여래명호품

　　　 　제8품 　사성제품

제13권 　제9품 　광명각품

　　　 　제10품 　보살문명품

제14권 　제11품 　정행품

　　　 　제12품 　현수품 [1]

제15권 　제12품 　현수품 [2]

〈제3회〉

제16권 　제13품 　승수미산정품

　　　 　제14품 　수미정상계찬품

　　　 　제15품 　십주품

제17권 　제16품 　범행품

　　　 　제17품 　초발심공덕품

제18권 　제18품 　명법품

〈제4회〉

제19권   제19품   승야마천궁품

             제20품   야마궁중게찬품

             제21품   십행품 [1]

제20권   제21품   십행품 [2]

제21권   제22품   십무진장품

〈제5회〉

제22권   제23품   승도솔천궁품

제23권   제24품   도솔궁중게찬품

             제25품   십회향품 [1]

제24권   제25품   십회향품 [2]

제25권   제25품   십회향품 [3]

제26권   제25품   십회향품 [4]

제27권   제25품   십회향품 [5]

제28권   제25품   십회향품 [6]

제29권   제25품   십회향품 [7]

제30권   제25품   십회향품 [8]

제31권   제25품   십회향품 [9]

제32권   제25품   십회향품 [10]

제33권   제25품   십회향품 [11]

〈제6회〉

제34권   제26품   십지품 [1]

제35권   제26품   십지품 [2]

제36권   제26품   십지품 [3]

제37권   제26품   십지품 [4]

제38권   제26품   십지품 [5]

제39권   제26품   십지품 [6]

〈제7회〉

제40권   제27품   십정품 [1]

제41권   제27품   십정품 [2]

제42권   제27품   십정품 [3]

제43권   제27품   십정품 [4]

제44권   제28품   십통품

             제29품   십인품

제45권   제30품   아승지품

             제31품   수량품

             제32품   제보살주처품

제46권   제33품   불부사의법품 [1]

제47권   제33품   불부사의법품 [2]

제48권 제34품 여래십신상해품

　　　　제35품 여래수호광명공덕품

제49권 제36품 보현행품

제50권 제37품 여래출현품 [1]

제51권 제37품 여래출현품 [2]

제52권 제37품 여래출현품 [3]

〈제8회〉

제53권 제38품 이세간품 [1]

제54권 제38품 이세간품 [2]

제55권 제38품 이세간품 [3]

제56권 제38품 이세간품 [4]

제57권 제38품 이세간품 [5]

제58권 제38품 이세간품 [6]

제59권 제38품 이세간품 [7]

〈제9회〉

제60권 제39품 입법계품 [1]

제61권 제39품 입법계품 [2]

제62권 제39품 입법계품 [3]

제63권 제39품 입법계품 [4]

제64권 제39품 입법계품 [5]

제65권 제39품 입법계품 [6]

제66권 제39품 입법계품 [7]

제67권 제39품 입법계품 [8]

제68권 제39품 입법계품 [9]

제69권 제39품 입법계품 [10]

제70권 제39품 입법계품 [11]

제71권 제39품 입법계품 [12]

제72권 제39품 입법계품 [13]

제73권 제39품 입법계품 [14]

제74권 제39품 입법계품 [15]

제75권 제39품 입법계품 [16]

제76권 제39품 입법계품 [17]

제77권 제39품 입법계품 [18]

제78권 제39품 입법계품 [19]

제79권 제39품 입법계품 [20]

제80권 제39품 입법계품 [21]

간 행 사

　귀의삼보 하옵고,

　『대방광불화엄경』의 수지 독송과 유통을 발원하면서 수미정사 불전연구원에서 『독송본 한문 · 한글역 대방광불화엄경』과 『사경본 한글역 대방광불화엄경』을 편찬하여 간행하게 되었습니다.

　『화엄경』은 우리나라에 전래된 이래 일찍부터 사경되고 주석 · 강설되어 왔으며 근현대에 이르러서는 『화엄경』의 한글 번역과 연구도 부쩍 많이 이루어졌습니다. 그만큼 『화엄경』이 우리 불자님들의 신행과 해탈에 큰 의지처가 되었던 것임을 알 수 있습니다.

　『화엄경』을 독송하고 사경하는 공덕은 설법 공덕과 함께 크게 강조되어 왔습니다. 그리하여 수미정사 불전연구원에서도 『화엄경』(80권)을 독송하고 사경하는 데 도움이 되도록 한문 원문과 한글역을 함께 수록한 독송본과 한글역의 사경본 『화엄경』 간행불사를 발원하였습니다. 이 『화엄경』 간행불사에 뜻을 같이하여 적극 후원해주신 스님들과 재가 불자님들께 깊이 감사드립니다. 또한 『화엄경』을 수지 독송할 수 있도록 경책의 모습으로 장엄해 주신 편집위원들과 담앤북스 출판사 관계자들께도 고마움을 표합니다.

　끝으로 이 불사의 원만 회향으로 『화엄경』이 널리 유통되고, 온 법계에 부처님의 가피가 충만하시길 기원드립니다.

　나무 대방광불화엄경

불기 2564년 '부처님오신날'을 봉축하며
수미해주 합장

위태천신(동진보살)

수미해주 須彌海住

호거산 운문사에서 성관 스님을 은사로 출가, 석암 대화상을 계사로 사미니계 수계, 월하 전계사를
계사로 비구니계 수계, 계룡산 동학사 전문강원 졸업, 동국대학교 불교대학 및 동 대학원 졸업, 철
학박사, 가산지관 대종사에게서 전강, 동국대학교 불교대학 교수, 동학승가대학 학장 및 화엄학림
학림장, 중앙승가대학교 법인이사 역임.
(현) 수미정사 주지, 동국대학교 명예교수.
저·역서로『의상화엄사상사연구』,『화엄의 세계』,『정선 원효』,『정선 화엄 1』,『정선 지눌』,『법계도기
총수록』,『해주스님의 법성게 강설』등 다수.

사경본 한글역
대방광불화엄경 제43권

| 초판 1쇄 발행_ 2024년 4월 24일

| 엮은이_ 수미해주
| 엮은곳_ 수미정사 불전연구원
| 편집위원_ 해주 수정 경진 선초 정천 석도 박보람 최원섭
| 편집보_ 무이 무진 지욱 혜명

| 펴낸이_ 오세룡
| 펴낸곳_ 담앤북스
　　　　　서울특별시 종로구 새문안로3길 23 경희궁의 아침 4단지 805호
　　　　　대표전화 02)765-1251 전자우편 dhamenbooks@naver.com
　　　　　출판등록 제300-2011-115호
| ISBN_ 979-11-6201-500-1 04220

정가 10,000원
ⓒ 수미해주 2024